¿DÓNDE DUERME RITA?

 Glenview, Illinois • Boston, Massachusetts • Chandler, Arizona
Shoreview, Minnesota • Upper Saddle River, New Jersey

Rita va por el camino Wapití.

Al rato, cae la noche.

 ¿Qué pasa después con Rita?

Rita ve una pequeña subida.
—Aquí me quedo toda la noche —anota.

Ya se hizo de día.

—Me quedo aquí otra horita.

¿Qué pasa? —chilla después Rita.

¡Debajo de Rita todo se agita!

La colina se agita.

¡Rita se agita!

—¡No es una colina!

—chilla Rita—.

¡Es el malo de Pepe Pesado!

¡Qué pesadilla!

¡Qué señora pesadilla!

¡Salta, Rita, salta!

¿Vio Pepe Pesado a Rita?

No, Pepe no vio nada.

¡Corre! ¡Corre a tu casa, Rita!